*»Dieser strahlende Tag über den weißen, schimmernden Schneebergen!
Und dann die Abende mit ihrem Sonnenuntergang und dem bleichen Mond,
Berge und Inseln schweigend und träumend wie ein Sehnen der Jugend.
So müde ich auch war, konnte ich mich doch nicht entscheiden, meine Koje aufzusuchen;
ich mußte all diese Schönheit in langen erfrischenden Zügen einsaugen.
Welch herrliches Land! Ich möchte wissen, ob es in der ganzen Welt ein Fahrwasser gibt wie hier.«*

Fridtjof Nansen, norwegischer Polarforscher (während seiner Ausfahrt von Bergen mit der FRAM am 2. Juli 1893).

Winterabend auf den Lofoten.

Winter in Norwegen.

Eine Winterreise auf den Hurtigruten ist von großartigen Farb- und Lichtstimmungen geprägt, die im Sommer bei 24 Stunden Sonnenschein so gar nicht möglich sind.

Eine neue Attraktion direkt am Hurtigruten Kai in Svolvær ist »Magic Ice«.

Helfried und Renate Weyer

Hurtigruten im Winter

Zauber der Polarnacht

Weltbild

Alle Bilder: Helfried Weyer

Genehmigte Lizenzausgabe für Verlagsgruppe Weltbild GmbH,
Steinerne Furt, 86167 Augsburg

Umschlaggestaltung: Atelier Seidel, Teising
Gesamtherstellung: Grafiche Flaminia S.R.L., Foligno
Printed in the EU
ISBN 978-3-8289-3610-2

2011 2010
Die letzte Jahreszahl gibt die aktuelle Lizenzausgabe an.

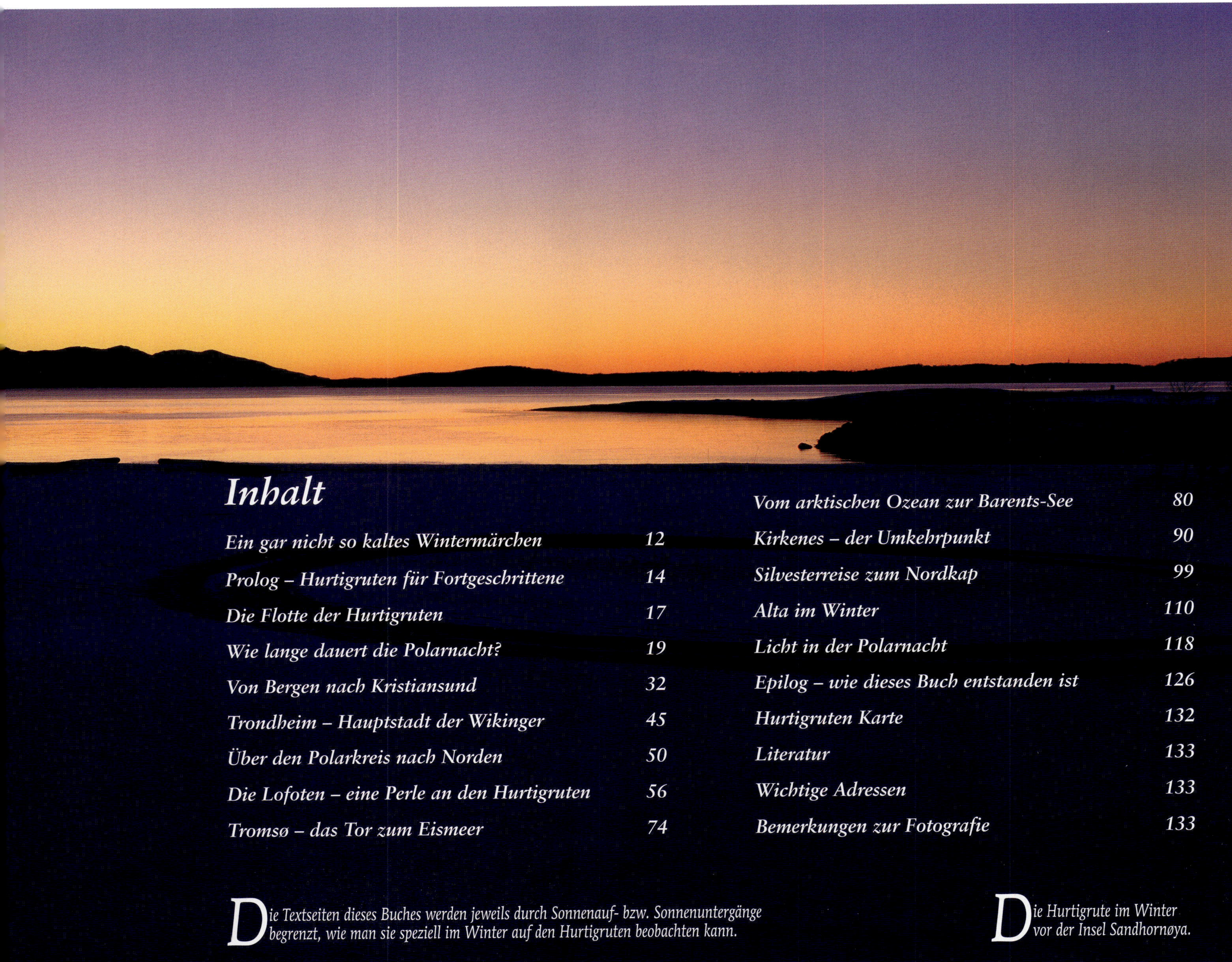

Inhalt

Die Textseiten dieses Buches werden jeweils durch Sonnenauf- bzw. Sonnenuntergänge begrenzt, wie man sie speziell im Winter auf den Hurtigruten beobachten kann.

Die Hurtigrute im Winter vor der Insel Sandhornøya.

Ein gar nicht so kaltes Wintermärchen

»Norwegen muß man fühlen, schmecken und riechen, um es wirklich zu lieben.«
So beschreibt eine deutsche Auswanderin das schöne Land zwischen Bergen und Kirkenes. Ich glaube, daß man Norwegen am intensivsten im Winter erleben kann, wenn die eisfreie Küste tief verschneit ist und wenn einem knackig kalte Luft ins Gesicht weht. In der weißen und gar nicht so dunklen Jahreszeit – wie dieses neue Buch beweist – kann es durchaus sehr kurzweilig sein, warm eingepackt in einen »Norweger« draußen an Deck zu stehen und dem Schaukeln kleiner, bunter Fischerboote im silbern glitzernden Meer zuzuschauen, den freien Blick auf tief verschneite Berge zu genießen und das würzige Salz in der frischen Seeluft auf den eigenen Lippen zu schmecken.
11 Hurtigruten Schiffe sind auch im Winter täglich auf der Postroute von Bergen nach Kirkenes und wieder zurück unterwegs. Sie fahren an imposanten Landstrichen vorbei, durch majestätische Fjorde und zu wahrlich entlegenen Städten und Dörfern, die sich, romantisch beleuchtet, in den tiefen Schnee kuscheln.
Ab und zu sieht man da einen Autoscheinwerfer über die ausgesetzten Straßen huschen oder einen Leuchtturm auf den nahen Klippen, Kaps und Inseln blinken.
Mehrmals täglich machen die Hurtigruten in kleinen und großen Häfen oft urbaner Städte fest, so daß die Passagiere ganz unterschiedliche Ausflüge unternehmen können. Dabei kann es sich um eine ausgiebige Stadtrundfahrt in Tromsø handeln oder um eine unvergeßliche Hundeschlittentour.
Vor wenigen Wochen war ich – zusammen mit den Autoren dieses Buches – mitten in der sonnenlosen Polarnacht auf MS MIDTNATSOL unterwegs zur großen Silvesterparty am Nordkap. Von wegen Zeit zur Muße in vierundzwanzigstündiger Dunkelheit! Gleich nach dem Frühstück besuchten wir Samen in Alta und hörten Interessantes über diese ethnische Minderheit. Dann ging es per Motorschlitten im Dämmerlicht durch einen unvergeßlichen Winterwald, und anschließend wechselten wir zu Hunde- und Rentiergespannen. Bei soviel Aktivitäten hatten wir gar keine Minute Zeit, uns über den klirrenden Frost Gedanken zu machen.
Eine Winterreise mit den Hurtigruten bedeutet aber auch eine Neuentdeckung der Langsamkeit; eine »unwirkliche« blaue Dämmerstimmung und der Blick in dieses geheimnisvolle Zwielicht sorgen für eine besonders angenehme Trägheit und Entspannung des gesamten Körpers. Die Seele wird nicht mehr abgelenkt, sie kann wirklich »baumeln«.
Da ist nur diese wundersame Erscheinung, die uns aus jeder Winterruhe bringt: das Nordlicht, das berühmteste und schönste Lichtspektakel in den hohen nördlichen Breitengraden. Grüne, rote und gelbe Vorhänge breiten sich plötzlich am Himmel vor den funkelnden Sternen aus, beginnen einen wilden Freudentanz und ziehen als Wellen aus Licht und Farbe alle Passagiere an Bord in ihren Bann. Das sind ergreifende Momente für die Ewigkeit, Schauspiele voller Höhepunkte.

An Bord aller Postschiffe herrscht immer eine gemütliche und legere Atmosphäre, und eine besonders gastfreundliche norwegische Crew, die meist auch Deutsch oder zumindest Englisch spricht, freut sich über einen netten Plausch mit den Gästen aus aller Welt. Und das alles ist mit viel Komfort gewürzt, aber ohne Tischfeuerwerk und Kapitänsdinner. Hurtigruten Schiffe sind Linienschiffe mit einem festen Fahrplan! Im Mittelpunkt dieser Reisen steht die faszinierende, oft noch unberührte Natur als grandiose Kulisse, die im Winter ihr allerschönstes weißes Kleid trägt.

Seit über 113 Jahren versorgen die Hurtigruten alle wichtigen Hafenstädte entlang der fjordzerklüfteten Küste Norwegens mit dem Lebensnotwendigsten – gerade dann, wenn die Zufahrtstraßen sowie Start- und Landebahnen vieler Flughäfen vereist sind. In den Frachträumen der Arbeitsschiffe lagern Medikamente, Lebensmittel, Fahrräder oder Möbel, eben alles für das tägliche Leben an der ausgesetzten Küste. Die Norweger selbst nutzen die Postschiffe als alltägliches Transportmittel sowie Großstädter die S-Bahn und die Tram. Oder sie treffen sich auf einen Kaffee an Bord, zu einem Glas Bier oder norwegischem Aquavit an der gemütlichen Bar. So haben auch alle Hurtigruten Gäste die Möglichkeit, mit den Menschen völlig unkompliziert in Kontakt zu kommen und Norweger mit ihrer jahrhundertealten Kultur kennenzulernen. Genau diese Kombination aus dem alltäglichen Transportmittel und aus einer besonders erholsamen Seereise ist es, die Hurtigruten weltweit so einzigartig macht. Der Slogan »die schönste Seereise der Welt« kommt nicht aus der Feder eines Werbetexters, sondern aus den Herzen der Passagiere.

Helfried und Renate Weyer, die Bild- und Textautoren dieses neuen Bildbandes – der übrigens als erstes Winterbuch bei der Fülle der Hurtigruten Publikationen längst überfällig war –, die mit ganz besonderer Vorliebe polare Regionen im Norden wie im Süden bereisen, schaffen es immer wieder, die schönsten Bilder und Stimmungen mit großformatigen Kameras einzufangen. In ihren eindrucksvollen Diashows und in über 50 Bildbänden und Fotofachbüchern dokumentieren die Weyers viele Wunder dieser Welt und stecken mit ihrer eigenen Begeisterung unzählige Menschen an – auch ganz spontan. Viel mehr möchte ich in diesem Vorwort nicht verraten. Überzeugen Sie sich selbst von den einzigartigen Panoramabildern in vorbildlicher Druckqualität, die ganz unterschiedliche Stimmungen in Norwegen im Winter und in der Polarnacht widerspiegeln, uns eine fremdartige Kultur näherbringen und dabei ein ganz neues und gar nicht so »kaltes« Bild vom Winter auf den Hurtigruten vermitteln.

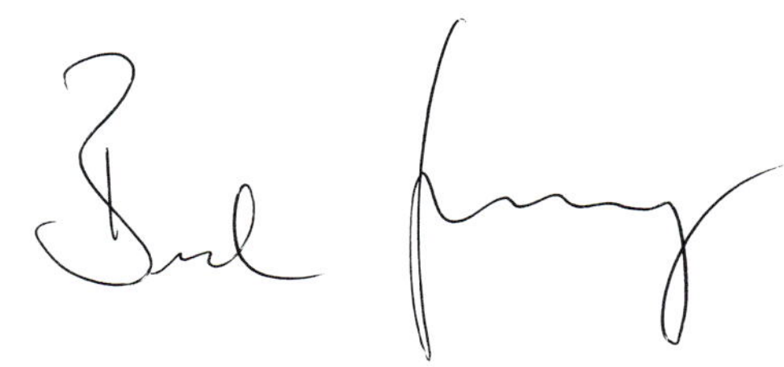

Bernd Stolzenberg
Geschäftsführer
Hurtigruten GmbH

Prolog – Hurtigruten für Fortgeschrittene

Wer sich auf das faszinierende Abenteuer »Hurtigruten im Winter« einläßt, sollte eine Handvoll gute Bücher in sein Reisegepäck stecken. Etwa den wunderschönen Liebesroman *Victoria* des norwegischen Nobelpreisträgers Knut Hamsun und *Die Lofotfischer* von Johan Bojer. So dachten wir auch, meine Frau Renate und ich, der ruhelose Fotograf, vor unserer ersten Fahrt in die Polarnacht. Wir glaubten an dunkle Tage und endlose Nächte mit viel Zeit und Muße für schöne Geschichten.

Vor Ort bzw. auf dem Schiff wurden wir aber schnell eines Besseren belehrt. Am 1. Januar bestiegen wir in Bergen MS KONG HARALD als einzige Rundreisepassagiere – Zeit für unsere Bücher fanden wir kaum, es gab einfach zuviel zu sehen und zu erleben. Und alles war neu für uns, die wir doch schon so oft auf den Hurtigruten gefahren waren; da lagen die großen und kleinen Städte und Fischerdörfer, verträumt und hell erleuchtet wie Perlennester, in der tiefverschneiten norwegischen Winterpracht. Hinter dem Polarkreis wurde es dunkel, aber nie erlebten wir eine wirklich pechschwarze Nacht. Vor den funkelnden Sternen flatterte das Polarlicht in gewaltigen Vorhängen durch den kalten Himmel, grün und türkis, purpurn und rot. Nie haben wir uns an diesem spektakulären Schauspiel wirklich satt sehen können, denn das seltsame Himmelslicht wechselt von Minute zu Minute seine Formen, seine Richtung und seine Farben.

Und gegen Mittag, im blauen Dämmerlicht, meldet sich die Sonne – selbst in der Polarnacht – , schickt ihre Strahlen pfeilähnlich über den Horizont, um zu signalisieren: Es gibt mich noch, in wenigen Wochen werde ich wieder ganz erscheinen und den norwegischen Winter vergolden (siehe Titelbild).

Hurtigruten im Winter – das ist nicht nur die Polarnacht. Die ist viel kürzer als viele Menschen glauben. Schon im Februar erleben wir auf den Hurtigruten Nächte mit zuckenden Polarlichtern, Tage voller Sonnenschein und tiefe blaue Schatten dazwischen. Die Farben und Stimmungen sind so atemberaubend, daß wir unsere mitgebrachten Bücher mit gutem Gewissen zur Seite legen und nur noch staunend schauen und schwärmen. So großartig hatten wir uns den Winter nicht vorgestellt. Und doch sind die Hurtigruten im Winter »Reisen für Fortgeschrittene«. Im Sommer scheint die Sonne über den 11 Postschiffen, die täglich zwischen Bergen und Kirkenes pendeln, 24 Stunden lang, und der Gast auf ihnen erlebt die gewaltige Fjord- und Küstenlandschaft hautnah. Im Winter beschränken wir uns dagegen eher auf Details und genießen die Ruhe auf dem Schiff und in der Landschaft, denn es gibt nur drei »Grundfarben«; weißen Schnee, blauen Himmel und grünes Polarlicht. Diese Farben erleben wir aber in tausend und mehr fein abgestuften Nuancen. Das alles ist so unbeschreiblich beeindruckend, daß wir es viel besser zeigen als beschreiben können mit unseren Panoramabildern auf den folgenden Seiten.

Und noch eine Bemerkung zu den erwähnten Büchern: Wir haben schließlich doch noch Zeit und Muße für sie gefunden. Draußen an Deck ist es spektakulär und oft auch richtig frisch, da tut ein heißer Kakao oder ein guter norwegischer Linie-Aquavit wahre Wunder – bevor es dann wieder nach draußen geht. Oft sogar mitten in der Nacht.

Diesen imposanten, fast 1000 m hohen Berg Sandhornet auf der Insel Sandhornøya sehen die Hurtigruten Passagiere - nordgehend - eine knappe Stunde vor Bodø auf der Steuerbordseite aus geringer Entfernung.

HURTIGRUTEN 100 ÅR
RICHARD WITH
3,50
NORGE
K. Wikens-93
HURTIGRUTEN 100 ÅR
NORGE
4,50
K. Wikens-93

Die Flotte der Hurtigruten

In der Mitte des 17. Jahrhunderts – damals gehörte das heutige Norwegen noch zur dänischen Krone – gab es schon einen regelmäßigen Postdienst über den Polarkreis hinaus zwischen Trondheim und Vardø. Zweimal pro Jahr brachten norwegische Fischer Briefe, Pakete und andere Frachtsendungen hinauf in den »wilden Nordosten«. Wild war es tatsächlich dort oben, die Russen bedrohten ständig die östlichste Insel Norwegens.

1804 wurde eine regierungseigene Ruderstaffel nach Nordnorwegen eingerichtet. Acht kräftige Ruderer, Nachkommen der legendären Wikinger, brachten Post und Pakete von Trondheim nach Bodø und übergaben sie dort einer zweiten Staffel nach Tromsø. Ein drittes Ruderboot fuhr dann weiter bis Alta. So konnte ein erstaunlicher Drei-Wochen-Rhythmus für die Postversorgung nördlich des Polarkreises aufgebaut werden.

Vor über 100 Jahren, im Juli 1893 – jetzt gehörte Norwegen als Folge der Napoleonischen Kriege zu Schweden –, wurden die Hurtigruten von dem Kaufmann, Lotsen und Kapitän Richard With ins Leben gerufen. Das erste 650 Tonnen große Dampfschiff, die VESTERÅLEN, verließ am 2. Juli den Hafen von Trondheim und wurde nach 67 Stunden, am 5. Juli 1893, in Hammerfest stürmisch begrüßt. Entlang der Küste wurden Schiff und Mannschaft mit Salutschüssen und Volksfesten regelrecht gefeiert. Was heute durch moderne Satellitennavigation und genau vermessene Seekarten selbstverständlich erscheint, war vor gut 100 Jahren noch ein großes Wagnis und Abenteuer. Postschiffe waren zwar weltweit nichts Neues, die dampften schon seit den dreißiger Jahren des 19. Jahrhunderts von Großbritannien nach Nordamerika. Aber navigatorisch schwierige Gebiete hatte man damals für Linienschiffe noch nicht erschlossen. Kapitän Richard With hatte zwar ein seetüchtiges Schiff und auch zwei alte Seekarten, außerdem standen ihm nördlich von Trondheim 28 Leuchttürme als Navigationshilfen zur Verfügung. Sein wichtigster Partner war aber der erfahrene Lotse Anders Holte. Der hatte seit Jahren in diesem Seegebiet genaue Informationen über Wetter, Strömungsverhältnisse, mögliche Geschwindigkeiten und Fahrtdauer aufgezeichnet. Außerdem waren die wenigen Leuchttürme von damals nicht mit den heutigen zu vergleichen. Mit Petroleum gespeiste Lampen schickten nur ein sehr schwaches Licht in die Dunkelheit.

Mit dem Erfolg von Hurtigruten gab es an dieser ausgesetzten Küste die erste Linie mit einem verläßlichen Fahrplan. Das hatte einen sichtbaren wirtschaftlichen Aufschwung all der kleinen Fischerorte in Norwegens Nordwesten und Nordosten zur Folge, denn viele dieser Dörfer und Kommunen waren damals auf dem Landweg überhaupt noch nicht erreichbar. Erst mit den Hurtigruten Schiffen hatten die Menschen des Nordens eine sichere Verbindung nach Süden und damit auch Zugang zum Weltmarkt. Bis heute haben Hurtigruten neben der großen Tradition immer noch eine wichtige ökonomische Funktion.

Hurtigruten feierte 1993 ihren 100. Geburtstag. Aus diesem Anlaß hatte die norwegische Post zwei Sonderbriefmarken herausgebracht, die Richard With vor einem traditionellen Schiff (l.) und Kapitäne mit ihren Offizieren auf der Brücke vor einem Schiff der neueren Generation (r.) zeigen. Das Bild entstand im Hurtigruten Museum in Stokmarknes auf den Vesterålen. Die Gäste der Hurtigruten haben am neunten Reisetag – südgehend – die Möglichkeit, das neue Hurtigruten Museum in Stokmarknes zu besuchen.

1898 wurde Bergen zur südlichsten Endstation und 1911 Kirkenes an der russischen Grenze zur nördlichsten. Bis zum Jahr 2005 teilten sich zwei norwegische Reedereien in Narvik und Tromsø Hurtigruten. 2006 haben sich beide Reedereien Troms Fylkes Dampskibsselskab (TFDS) und Ofotens og Vesteraalens Dampskibsselskab ASA (OVDS) zusammengeschlossen. Ihr neuer Name lautet Hurtigruten Group ASA, und der steht heute für den größten touristischen Anbieter Norwegens mit einer breiten Produktpalette. 11 Schiffe sind täglich zwischen Bergen und Kirkenes unterwegs und befördern immer noch in erster Linie Fracht: Post, Fisch, Maschinen, Fertighäuser, Boote, Motoren, Ersatzteile und alle lebensnotwendigen Güter für die Bewohner der norwegischen Küste.

Schon bald nach der Gründung haben die beiden Reedereien erkannt, daß die Touristenbeförderung auf den Hurtigruten Schiffen eine gute Nebeneinnahme ist, und die vielen Passagiere aus aller Welt gaben dieser Postrute das Attribut: »die schönste Seereise der Welt«.

In den ersten 100 Jahren der Hurtigruten Geschichte waren mehr als 70 Schiffe im Einsatz, solche, die zunächst auf anderen Linien fuhren, und auch solche, die speziell für die Anforderungen von Hurtigruten gebaut wurden. Traditionelle Dampfer wurden immer wieder umgebaut, modernisiert, mit neuer Technik ausgestattet oder durch Neubauten ersetzt. Im Frühjahr 2002 traten die beiden Superneubauten MS FINNMARKEN und MS TROLLFJORD ihren Dienst in der Flotte an und ersetzten die letzten traditionellen Hurtigruten Schiffe MS LOFOTEN und MS HARALD JARL. Im April 2003 kam MS MIDNATSOL dazu, das stolze und neueste aller Hurtigruten Schiffe wurde in Hamburg getauft – ein Geschenk der Norweger an die Treue der vielen deutschen Gäste, die Jahr für Jahr Hurtigruten buchen. Nun gibt es aber immer noch Menschen, die von den alten Zeiten und den kleinen, gemütlichen Schiffen schwärmen. Sie haben im Winter die Möglichkeit, ihre »alten Freunde« wiederzusehen und mit ihnen zu fahren. Im Winter brechen zwei Schiffe aus und fahren nach Süden in die Antarktis, nicht um dort »unten« Post und Fracht zu verteilen, sondern um ihren Passagieren die Schönheiten des »Weißen Kontinents« zu zeigen: MS NORDNORGE und MS NORDKAPP. Während dieser Ausreißfahrten werden dann »Oldtimer« wie MS NORDSTJERNEN und MS LYNGEN auf der Hurtigrute eingesetzt.

Im Frühjahr 2007 wird ein weiterer Neubau mit hoher Eisverstärkung die Hurtigruten Flotte ergänzen. Das Schiff MS FRAM wird dann im Sommer auf Grönland eingesetzt und im Winter in der Antarktis.

Das Hurtigruten Schiff MS KONG HARALD bei Schneetreiben und Hagelschauern kurz vor der Einfahrt nach Øksfjord.

Wie lange dauert die Polarnacht?

Nördlich des Polarkreises geht die Sonne im Sommer nicht unter, sie steht 24 Stunden am Himmel. Am Nordkap sieht man die Mitternachtssonne vom 11. Mai bis zum 31. Juli. Im Winter, während der Polarnacht, steigt sie gar nicht über den Horizont. Am Nordkap dauert die Polarnacht vom 20. November bis zum 22. Januar. Die Dauer der Polarnacht richtet sich nach der nördlichen Breite:

Svolvær	keine Sonne 07. Dez. – 05. Jan.
Tromsø	keine Sonne 27. Nov. – 15. Jan.
Hammerfest	keine Sonne 22. Nov. – 20. Jan.
Vardø	keine Sonne 23. Nov. – 19. Jan.
Kirkenes	keine Sonne 21. Nov. – 21. Jan.

Noch ein Bild aus dem interessanten Hurtigruten Museum. Das Display zeigt eine typische Deckszene aus dem vergangenen Jahrhundert.

Das traditionelle Hurtigruten Schiff MS Nordstjernen, bereits 1956 in Dienst gestellt, läuft Kirkenes an - im März 2006. Im Sommer wird dieses Schiff in Spitzbergen eingesetzt, man kann dorthin Kreuzfahrten zu Gletschern, Walrossen und Eisbären buchen.

NORDSTJERNEN

Das Hurtigruten Schiff MS Narvik vertritt hier die sogenannte mittlere Generation. Es wurde 1982 gebaut und 1989 und 1995 modernisiert. Auf Bar, Panorama-Salon, Fahrstuhl und Shop muß man auch an Bord dieser kleineren Hurtigruten Schiffe nicht verzichten.

Im Schneesturm in Kirkenes: MS Lyngen (r.), gebaut 1982, ist auch ein besonders beliebtes und gemütliches Schiff der mittleren Generation, das in den vergangenen Jahren modernisiert und mit einer schönen Aussichtslounge versehen wurde. Solange ihre »großen Schwestern« sich in antarktischen Gewässern rumtreiben (bis Mitte April), bedient MS Lyngen die Hurtigruten.

LYNGEN
LYNGEN
VARANGERVEKTEREN
OSLO

RICHARD WITH

Zwei Hurtigruten Klassiker im Winter, links MS Richard With, gebaut 1993, und rechts MS Kong Harald, gebaut 1993. Beide Schiffe gehören zur neuen Generation und können jeweils knapp 700 Passagiere aufnehmen. Die Namensgeber waren einmal der Gründer der Hurtigruten Linie und dann der norwegische König. MS Kong Harald wurde zum 100jährigen Bestehen der Hurtigruten auf der deutschen Volkswerft in Stralsund fertiggestellt.

Das nordische Buffet mit Lachs, Forelle und Kaviar satt - hier auf MS Kong Harald fotografiert - ist nur ein Beispiel für die kulinarischen Genüsse an Bord der Hurtigruten Schiffe.

Das sind die beiden Superneubauten MS Trollfjord (oben) und MS Finnmarken (unten) aus dem Jahr 2002. Beide Schiffe können jeweils bis zu 1000 Passagiere an Bord nehmen und verfügen über jeglichen Luxus, den man eigentlich nur auf großen Kreuzfahrtschiffen erwartet, wie gläserne Aufzüge (MS Trollfjord), ein beheiztes Schwimmbad (MS Finnmarken) und - natürlich - Internetcafés.

Seite 28

Blick in die schöne Bar des Schiffes MS Trollfjord.

Seite 29

Gemütliche Sitzecken laden zum Lesen ein - hier auf MS Finnmarken.

Die Lobby vor der Rezeption auf MS Kong Harald. Eine Bar ist auf diesem schönen Schiff nach Fridtjof Nansen benannt, ein Café nach Roald Amundsen.

Der Außenpool auf MS Finnmarken, neben ihm befinden sich zwei Whirlpools. Das ist einzigartig innerhalb der Hurtigruten Flotte.

Von Bergen nach Kristiansund

In Bergen beginnt das Abenteuer Hurtigruten, und hier endet die Rundreise auch wieder am zwölften Tag. Bergen war im Mittelalter stolze Residenzstadt des norwegischen Reiches und in der Hansezeit (14.–16. Jahrhundert) die wichtigste Niederlassung im Norden. Die Stadt mit ihren über 200.000 Einwohnern ist an verschiedenen Berghängen in die Höhe gewachsen und hat ein ganz eigenständiges Flair. Wir haben Bergens Bewohner Ende März bereits draußen vor den Straßencafés sitzen gesehen, während ihre Landsleute im knapp 3.000 km entfernten Kirkenes noch fleißig Schnee schippen mußten.

Der erste Reisetag ist immer besonders aufregend; vieles erscheint für die Passagiere ganz neu und muß erkundet werden. So auch das Schiff. Im Winter legt es in der Dunkelheit ab. Diese Ausfahrt sollte man trotz der späten Stunde (22.30 Uhr) draußen oder zumindest in der Aussichtslounge erleben. Einzigartig erscheint dabei das weite Lichtermeer dieser schönen Stadt, eben weil die beleuchteten Häuser über Hänge und Hügel verteilt sind, zu denen sich Straßen mit Laternen in vielen Kurven und Kehren hinaufwinden.

Florø und Måløy darf man im Winter getrost verschlafen. Früh am Morgen des zweiten Tages passieren wir das norwegische Westkap, und dort liegt eine richtige Wetterscheide, ein erster Sturm kann uns jetzt überraschen.

Erst in Torvik (10.30 Uhr) ist wieder mit Tageslicht zu rechnen.

Die Jugendstilstadt Ålesund wird dann zu einem richtigen Highlight, das Hurtigruten Schiff liegt dort 3 Stunden am Kai. Auf den Hausberg Aksla, den schönsten Aussichtspunkt auf die Stadt, führen 418 Stufen, die sich in 25–30 Minuten (ab Hafen) bequem bewältigen lassen.

Wenn wir am frühen Abend Molde erreichen, ist es im Winter dort schon wieder dunkel. Der Hurtigruten Kai liegt mitten im Stadtzentrum, das wir uns vor dem Abendessen ansehen sollten.

Eine gute Stunde vor Mitternacht legt die Hurtigrute in Kristiansund an. Die Stadteinfahrt darf sich niemand entgehen lassen, wieder wegen der unzähligen Lichter und der vielen hell beleuchteten gewaltigen Brücken, durch die wir direkt zur Innenstadt fahren.

Der Hurtigruten Fahrplan ist so ausgelegt, daß die Schiffe jene Städte und Landschaften, die nordgehend am Tag angelaufen werden, südgehend in der Nacht besuchen.

Wer Bergen besucht, sollte auch über den Fischmarkt bummeln, der ganz besondere Leckereien von Norwegens Küste bietet. Die freundlichen Verkäufer klären uns dort auch über die sehr unterschiedlichen Lachsqualitäten auf. Sehenswert ist auch das Hanseatische Museum mitten im Weltkulturerbe Bryggen, zwei Minuten vom Fischmarkt entfernt.

Folgende Doppelseite:

Bergen im Winter. Das Bild entstand am 1. Januar gegen 17.00 Uhr. Diese besonders schöne Aussicht auf die Stadt hat man von der Bergstraße Fjellveien, nur 20 Gehminuten vom Zentrum entfernt.

Der Hurtigruten Kai in der Polarnacht. Bei allem Komfort an Bord dürfen die Passagiere nie vergessen, daß sie sich auf einem Frachtschiff befinden. Das Be- und Entladen in den 34 Häfen gehört ebenso zu den großen Erlebnissen dieser Route wie die wilde norwegische Küstenlandschaft. Und im Winter, in der Dunkelheit, ist das Beobachten des Alltags an den Hurtigruten ganz besonders eindrucksvoll.

KONG HARALD

RESTAURANT

Ålesund, das Hurtigruten Schiff erreicht die Stadt am zweiten Tag, ist eine wahres Juwel an Norwegens Küste. So romantisch präsentiert sich die Jugendstilstadt im Winter bei tief stehender Sonne. Die alte Kirche von Ålesund ist 1904 abgebrannt. Im Jahr 1906 legte König Haakon VII. den Grundstein zu dieser neuen Ålesund-Kirche, 1909 wurde der kompakte Steinbau eingeweiht. In der Kirche befinden sich wunderschöne Glasgemälde, die Kaiser Wilhelm II. der Stadt geschenkt hat.

Folgende Doppelseite:

Ålesund im Winter, eine halbe Stunde nach Sonnenuntergang vom Hausberg Aksla fotografiert. So eine Traumkulisse findet man an den Hurtigruten nur im Winter.

*Kristiansund liegt auf drei Inseln, die durch moderne Brücken miteinander verbunden sind.
Das Bild zeigt den Stadtkern mit Behörden- und Geschäftshäusern an einem frühen Winterabend.*

Trondheim – Hauptstadt der Wikinger

Trondheim war Norwegens erste Hauptstadt, von hier brachen die Wikinger vor über tausend Jahren auf, um neues Land im Norden zu suchen und zu besiedeln. König Olav Tryggvason (Olav I.) gründete die Stadt im Jahre 997 an der Mündung des Flusses Nidelva unter dem Namen Nidaros. Im 11. Jahrhundert wurde mit dem Bau der Domkirche – auch Nidaros-Kathedrale genannt – begonnen, und 1152 wählte die Kirche Trondheim zum Sitz ihres norwegischen Erzbischofs, der von hier aus sieben Bistümer zu betreuen hatte, bis hinauf nach Island und Grönland. Während des Mittelalters war die Stadt, zusammen mit Rom, Jerusalem und Santiago de Compostella, eines der meistbesuchten Pilgerziele in ganz Europa, weil im Dom der Totenschrein des heiliggesprochenen Königs Olav aufbewahrt wurde. Der König war 1030 in der Schlacht bei Stiklestad gefallen. Aus all diesen Gründen ist Trondheim, nach Oslo und Bergen Norwegens drittgrößte Stadt mit etwa 150.000 Einwohnern, eines der historischen und kulturellen Zentren des Landes.

Aber Trondheim ist auch eine sehr moderne Stadt. An verschiedenen Hochschulen und der Universität studieren mehr als 25.000 Studenten aus ganz Europa und Übersee.

Das Hurtigruten Schiff erreicht die schöne Stadt am dritten Reisetag früh am Morgen und liegt dort sechs Stunden lang am Kai.

Wir treffen ja – nordgehend – an jedem Tag ein anderes Hurtigruten Schiff, das südgehende. Hier in Trondheim liegen nun beide Schiffe nebeneinander im Hafen, und es gibt für Fotografen und Filmer kaum eine bessere Gelegenheit, das eigene und ein weiteres Schiff so schön in der Morgensonne zu fotografieren wie hier in Trondheim (siehe Seite 24). Man muß nur um das Heck des Schiffes auf den östlich liegenden Parallelkai gehen, das sind 200 Schritte.

An Bord werden geführte Stadtrundfahrten zu den wichtigsten Sehenswürdigkeiten angeboten. Aber man kann Trondheim auch gut auf eigene Faust zu Fuß erkunden. Vom Hafen bis zum Nidaros-Dom, dem Nationalheiligtum aller Norweger, läuft man 30 bis 40 Minuten, und wir schlagen vor, die Nidelva auf der zweiten Brücke, der Bakkebru, nach Westen zu überqueren und dann über die Nedre Bakklandet zur nächsten Brücke zu laufen, der Gamle Bybro. Auf diesem Wegstück hat man die schönsten Ausblicke auf die alten Holzspeicher am Wasser der Nidelva. Von der Gamle Bybro, der hölzernen Stadtbrücke, sind es dann nur noch wenige Minuten bis zum Dom, dem Höhepunkt der Stadtbesichtigung.

Im Grundgesetz von 1814 war festgelegt worden, daß die Könige der schwedisch-norwegischen Union in beiden Ländern gekrönt werden sollten. Der alte Dom zu Trondheim wurde daraufhin als norwegische Krönungskirche ausersehen. Und obwohl es sich um eine Kathedrale in schlechtem Zustand handelte, wurde sie durch die erste Krönung von König Karl XIV. Johann im Jahr 1818 zum Symbol für die Unabhängigkeit Norwegens. Für den Rückweg zum Schiff empfehlen wir dann die kürzere Route direkt durch die Innenstadt und am Stiftsgården vorbei.

Der Stiftsgården in Trondheim gehört zu Norwegens größten Holzbauten und wurde 1770 im Rokokostil errichtet. Heute wohnt dort die Königsfamilie, wenn sie sich in Trondheim aufhält.

Die Nidaros-Kathedrale gilt als größtes mittelalterliches Bauwerk Nordeuropas. Das Bild zeigt die imposante Westfront mit dem gewaltigen Figurenprogramm als Hauptfassade der Kirche.
Im nördlichen Querschiff des Domes befindet sich die Orgel des berühmten Berliner Orgelbauers Joachim Wagner, der dieses Kunstwerk im Jahr 1741 schuf. Johann Sebastian Bach spielte 1747 am Hof von Friedrich II. in Potsdam auf einer Wagner-Orgel und war von dem Klangbild so begeistert, daß er den Erbauer des Instrumentes, der unter den Zuhörern war, in allerhöchsten Tönen lobte. Ein Konzert auf der Wagner-Orgel im Trondheimer Dom gehört heute zu einem Highlight und besonderen Genuß in dieser altehrwürdigen Stadt.

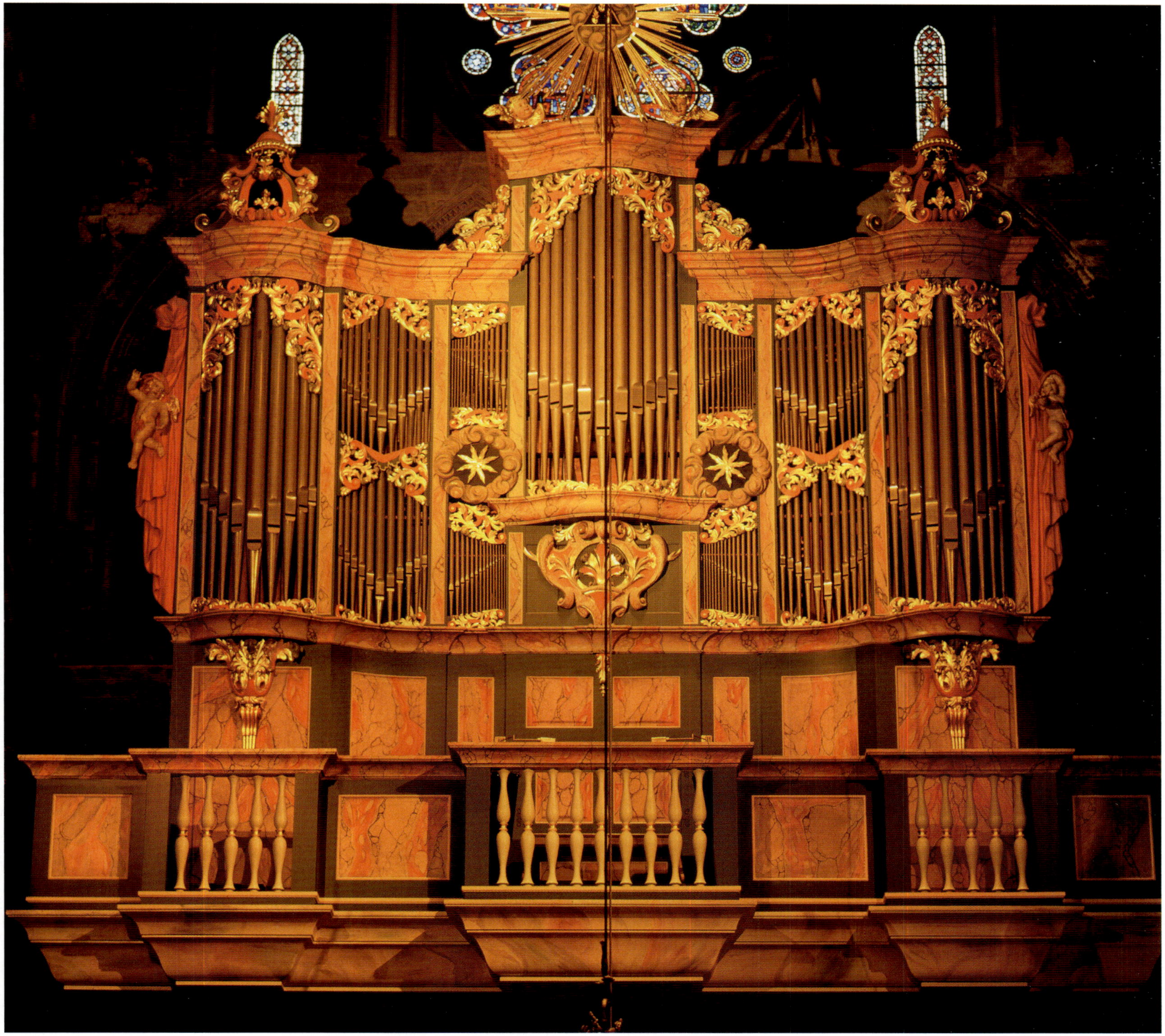

Die auf Pfählen im Wasser der Nidelva stehenden Holzspeicher-Häuser aus dem 18. Jahrhundert gehören auch zum klassischen Stadtbild Trondheims. Diese Speicher beherbergen heute moderne Wohnungen, Ateliers und Restaurants.

Über den Polarkreis nach Norden

Nach der Stadtbesichtigung von Trondheim folgt ein spannender Nachmittag mit dem Höhepunkt der Stokksund-Durchfahrt. Aber schon vorher lohnt es sich, die Außendecks aufzusuchen. Kaum haben wir den Hafen verlassen, da liegt auf der Steuerbordseite die Klosterinsel Munkholmen. Hier entstand vor 1000 Jahren eines der ersten Benediktinerklöster im Norden. Später wurde Munkholmen zu einem Gefängnis und dann zur Zollstation umgebaut. Heute ist die Insel in den Sommermonaten ein beliebter Ausflugsort für die Trondheimer.

Während wir den Trondheimsfjorden durchfahren, tauchen an der Steuerbordseite riesige Kräne in einem gewaltigen Lichtermeer auf. Das ist die moderne Fosen-Werft, auf der die neuen Hurtigruten Schiffe MS Trollfjord und MS Midnatsol gebaut wurden.

Gegen 17 Uhr erreichen wir dann die schon erwähnte äußerst spektakuläre Stokksunddurchfahrt, die man nur vom Außendeck wirklich genießen kann. Anschließend führt unsere Weiterfahrt gute zwei Stunden lang über das offene Folda-Meer nach Rørvik, da kann es schon mal etwas schaukeln. In der Dunkelheit erkennen wir auf der Backbordseite mehrere Lichter, das sind die Leuchtfeuer Kya, Gjæslingan und Nordøyan – und auch die Plattformen der großen Erdgas- und Ölfelder im Folda-Meer.

Nach dem Abendessen, in stockdunkler Nacht, legt unser Schiff in Rørvik an, dem Hauptort der großen Inselgruppe Vikna. Das ist eine Welt für sich, denn Vikna besteht aus 6.000 Inseln, Holmen und Schären. Hier in Rørvik begegnen sich wieder – wie schon in Trondheim – die Hurtigruten Schiffe beider Richtungen, und deshalb entsteht da ein richtig buntes Treiben durch das Ent- und Beladen der Fracht. Außerdem empfehlen wir einen kurzen Abendspaziergang durch den schönen Fischerort.

Mitten in der Nacht besuchen wir die Städtchen Brønnøysund, Sandnessjøen und Nesna, die nordgehend meist verschlafen werden. Früh am Morgen, zwischen Nesna und Ørnes, überqueren die Hurtigruten den Polarkreis auf 66°32'51" nördlicher Breite. Hier beginnt im Sommer die Mitternachtssonne und im Winter die Polarnacht. Am 22. Dezember, der Wintersonnenwende, erreicht die Sonne ihren niedrigsten Stand und tangiert den Polarkreis ohne aufzugehen.

Das Bild zeigt eine der schönsten Passagen auf den Hurtigruten, den schmalen Stokksund, um den sich viele Geschichten ranken: Der deutsche Kaiser Wilhelm wurde an dieser Stelle auf seiner eigenen Yacht so nervös, daß er selbst ins Steuerrad greifen wollte. Sein Lotse Nordhus schickte den Kaiser mit den Worten fort: »Hier bin ich der Chef.« Wenn die Hurtigruten Schiffe diesen Engpaß durchfahren, stehen fast alle Gäste vorne an Deck und bekommen größte Hochachtung vor den Navigationskünsten ihrer Kapitäne.

Ein Hurtigruten Schiff - hier ist es MS Richard With - passiert die besonders schöne Durchfahrt zwischen den Inseln Flugløya, Fleina, Arnøy an Backbord und Sandhornøya an Steuerbord.

Die über 1000 m hohe Bergkette mit den imposanten Gipfeln Mernaurtinden und Smårtindan, nordgehend zu sehen eine Stunde vor Bodø an der Steuerbordseite.

Die Lofoten – eine Perle an den Hurtigruten

Von Bodø führen die Hurtigruten hinaus auf das offene Meer – auch da kann es etwas stürmisch werden – und rüber zu den Lofoten und Vesterålen. Die Zinnenreihe der Lofoten erstreckt sich im Meer wie eine scheinbar uneinnehmbare Wand, die in Wahrheit aber aus vielen kleinen und großen Inseln besteht. Jede für sich ist eine Perle mit verträumten Fischerdörfern, imposanten Bergen und stillen Buchten.

In der sonnenlosen Polarnacht hebt sich während der Überfahrt die Lofotmauer deutlich als schwarze Silhouette gegen den Sternenhimmel ab – oder sogar gegen flackerndes grünes Nordlicht, während unten zwischen Land und Meer tausend Lichter glühen, sauber auf einer waagerechten Perlenschnur aufgereiht. Später im Winter, etwa im März, fährt das Hurtigruten Schiff von Bodø (Abfahrt 15 Uhr) nach Stamsund (Ankunft 19.00 Uhr) genau in den Sonnenuntergang hinein. Das gibt, immer mit den steilen Lofotbergen im Vordergrund, ganz besonders schöne Licht- und Farbstimmungen.

Die Sage berichtet, daß der nordische Gott Thor die Inselwelt der Lofoten mit seinem Hammer geschaffen hat. Er wollte sich während des Lofotfischfangs eine bessere Aussicht auf die vielen Boote verschaffen, und deshalb schichtete er Stein auf Stein. Endlich war Thor mit seinem Werk zufrieden, jetzt konnte er aus großer Höhe die weiten Fischgründe überblicken. So waren die Berge der Lofoten entstanden. Niemand hat den einzigartigen Lofotfischfang schöner und dramatischer beschrieben als der norwegische Dichter Johan Bojer in seinem schon erwähnten Roman *Die Lofotfischer*.

Wir haben schon über die ungewöhnlichen Lichtstimmungen während der Anreise berichtet. Diese Lichtstimmungen ziehen seit Generationen Scharen von Künstlern auf die merkwürdigen Inseln im Meer. Dort spielen sie mit dem intensiven Licht und den großartigen Farben. Überall stoßen wir auf kleine und große Galerien. Zu den bekanntesten Lofotmalern gehört Karl Erik Haar, seine Galerie können wir in Henningsvær besuchen. Haar hat auch das gewaltige Gemälde von der Schlacht im Trollfjord in der Lobby des Hurtigruten Schiffes MS RICHARD WITH gemalt.

Wir sind »Maler mit der Kamera« und haben schon deshalb die Lofoten ganz besonders in unsere Herzen geschlossen.

Zu den kleinen, oft verträumten Fischerdörfern gehören auch viele schöne Kirchen, die größte von ihnen steht in Kabelvåg und wird Lofotenkathedrale genannt. Eine ganz besondere Farbigkeit bringt der Lofotfischfang in den Monaten Februar und März in diese Bilderbuchlandschaft hinein. An Sonntagen ruht der Fischfang, und die Kirchen füllen sich.

Nordgehend durchfahren Hurtigruten die schönsten Passagen der Lofoten, so zum Beispiel den Raftsund, bei Dunkelheit. Südgehend sehen die Passagiere viel mehr von dieser Perle im Nordmeer und sollten unbedingt auch die an Bord angebotene Überlandfahrt von Svolvær nach Stamsund mitmachen.

Das Bild zeigt den Lofothafen Moskenes im März und die folgende Doppelseite das Südkap der Lofoten bei Å.

Das schöne Fischerdorf Reine im Süden der Lofoten.

Der bunte Fischerhafen Hamnøy gehört sicher zu den meistfotografierten Motiven auf den Lofoten. Im Winter treffen wir hier kaum Touristen – und der Lofotfischfang ist im vollen Gang.

Die Lofotfischerei im Spätwinter war der Hauptgrund, daß sich Menschen auf diesen besonders ausgesetzten Inseln ansiedelten. In den Monaten Februar, März und April zieht der Dorsch, aus der Barents-See kommend, zu seinen Laichgründen zwischen Lofoten und Festland. Während Anfang der 50er Jahre noch 20.000 Fischer aus ganz Norwegen zum Fang auf die Lofoten kamen und über 100.000 Tonnen Dorsch fingen, sind es heute nur noch etwa 2.000 Fischer, die etwa 20.000 Tonnen aus dem Wasser ziehen.
Knapp die Hälfte des Fangs wird auf Holzgerüste gehängt und dort luftgetrocknet. Diesem Schauspiel mit einer über 1000 Jahre alten Tradition kann der Winterbesucher überall auf den Lofoten zuschauen.

In Svolvær, dem Hauptort der Lofoten, gibt es eine neue Besucherattraktion: Magic Ice. Das sind Eiskunst und Küstenkultur zugleich oder - wie der Veranstalter sagt - »die Lofoten in Kristallform«. Besucher erleben hier ein Eis-, Licht- und Tonspektakel, in dem die Kultur der Lofoten vom Fischfang bis zu den Hurtigruten von sieben norwegischen Künstlern sehr eindrucksvoll dargestellt wird.

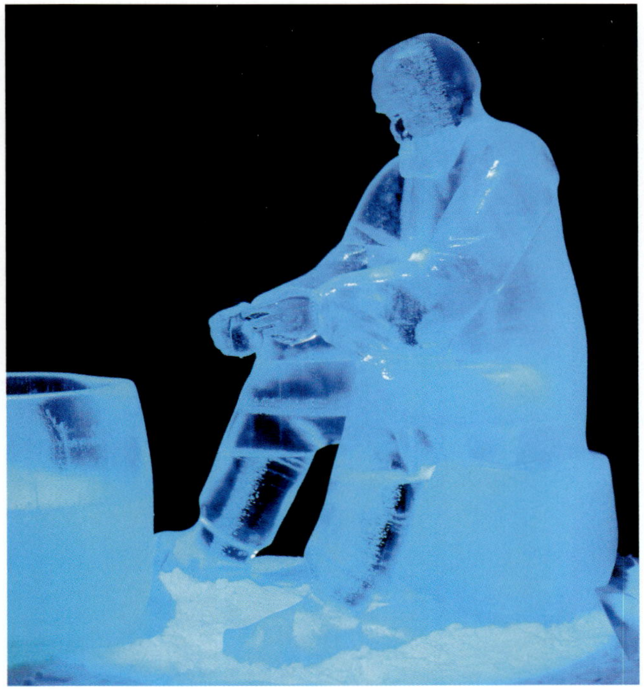

*»Es ist ein Heer von Steinriesen, die über das Meer hingewandert sind
und hier haltgemacht haben, um nachzudenken ...
Lars starrte noch immer geradeaus. Sie kamen näher und immer näher heran.
Das war der Lofot, von dem er so viel gehört hatte, seit er ein kleiner Wicht war.
Ein Land im Eismeer, von dem alle Knaben an der Küste träumten
und nach dem sie sich alle sehnten. Dort wurden Heldentaten verübt.
Dort erlangte man Reichtum, dort fuhr man mit dem Tode um die Wette.«*

Johan Bojer, aus dem Roman »Die Lofotfischer«

N-60-V
22732

Der Fischerhafen Sildpollen.

Der Raftsund, eine besonders schöne Passage auf den Hurtigruten.

Der Hadselfjord ist die Verbindung zwischen Lofoten und Vesterålen.

Tromsø – das Tor zum Eismeer

Am fünften Tag erreichen die Hurtigruten Schiffe Tromsø, und die Passagiere haben auch hier genügend Zeit für die wichtigsten Sehenswürdigkeiten dieser interessanten Stadt. Ankunft ist im Winter 14.30 Uhr und Abfahrt um 18.30 Uhr.
Für Polarforscher wie Nansen und Nordenskiöld war Tromsø Ausgangspunkt ihrer spektakulären Expeditionen ins Eismeer, hier fanden sie unter den Robben- und Walfängern Mannschaften und Eislotsen, die viel Wissen und Erfahrungen über die Polargebiete mitbrachten.
Heute ist Tromsø ein Zentrum für Lehre, Forschung und Kultur in Nordnorwegen und ein besonders geeigneter Ort, um das Polarlicht zu beobachten und zu studieren. Im Nordlichtplanetarium auf dem Universitätsgelände wird regelmäßig der Film »Arktisches Licht« vorgeführt, diese Präsentation zeigt eindrucksvoll die Phänomene Polarlicht und Mitternachtssonne. Außerdem gibt es Fachvorträge und Sonderveranstaltungen zum Thema Aurora borealis.
Der Hurtigruten Kai liegt direkt im Stadtzentrum, so daß man viele Sehenswürdigkeiten leicht zu Fuß erreichen kann (nicht so das Planetarium und auch nicht die Eismeerkathedrale).
Aber das neue Informations- und Erlebniszentrum Polaria, das sich auf das Thema Arktis und Antarktis konzentriert. Der Besucher sieht sich dort von schwimmenden Seehunden umgeben, erlebt Schneestürme und erfährt viel Wissenswertes über die klassischen Polarexpeditionen. Als sehr gute Ergänzung empfehlen wir allen an diesem kalten Thema Interessierten das Polarmuseum, es liegt nur fünf Gehminuten vom Hurtigruten Kai entfernt. Vor dem Museum läßt sich eine Amundsenbüste gut fotografieren. Roald Amundsen, der wie Fridtjof Nansen zu Norwegens ganz großen Polarhelden gehört, startete hier in Tromsø 1928 mit seinem Wasserflugzeug LATHAM, um nach dem Italiener Umberto Nobile zu suchen. Nobile wurde schließlich von einer Eisscholle gerettet, Amundsen kehrte von diesem Flug nicht zurück, er blieb verschollen. Von Tromsø aus starteten auch Julius Payer und Karl Weyprecht zu ihrer österreichisch-ungarischen Nordpolexpedition, auf der sie dann zufällig 1873 das Kaiser-Franz-Joseph-Land entdeckten.
Tromsø hat etwa 50.000 Einwohner und damit den Charme einer großen Kleinstadt behalten. Durch ein Tunnelsystem wird der Autoverkehr aus dem alten Stadtkern herausgehalten, das macht einen Bummel in Tromsø, dem Tor zum Eismeer, besonders liebenswert.

Das großartige Glasmosaik in der Kirche von Tromsdal, die im Volksmund Eismeerkathedrale heißt, ist 23 m hoch und stammt von Viktor Sparre.

Folgende Doppelseite:

Diesen Blick auf das winterliche Tromsø hat man von der Marineschule, etwa 30 Gehminuten vom Hurtigruten Kai entfernt. Im Vordergrund liegt die Altstadt, jenseits des Tromsø-Sundes ist die Eismeerkathedrale zu sehen (l.) und der 420 m hohe Storsteinen (m.), der im Winter mit der Drahtseilbahn nur an Wochenenden besucht werden kann.

Die Altstadt von Tromsø während der Polarnacht, die hier nur 53 Tage dauert (vom 27. November bis zum 15. Januar). Bei klarem Wetter ist es allerdings gegen Mittag hell genug, um draußen eine Zeitung zu lesen (siehe Seite 100/101).

NORGES RÅFISKLAG

Vom arktischen Ozean zur Barents-See

Die Weiterfahrt der Hurtigruten Schiffe von Tromsø nach Kirkenes führt über kleine Fischerorte, die man im Winter auf Norwegens Straßen nur schwer oder gar nicht erreichen kann – und gerade deshalb einen ganz besonderen Charme haben. Ausnahmen sind da nur Hammerfest und Honningsvåg. In Hammerfest gibt es viele Besuchspunkte (Eisbärenclub, Hammerfest-Kirche, Meridian-Stein), und in Honningsvåg beginnt der Ausflug zum Nordkap – auch im Winter.
Selbst wenn die Hurtigruten Schiffe in diesen winzigen »Nestern« des hohen Nordens, die von Reiseführern und Bildbänden meist sehr stiefmütterlich behandelt werden, nur kurz anlegen, sollte jeder Passagier die Zeit nutzen und einen schnellen Blick in diese besondere Welt zwischen arktischem Ozean und Barents-See werfen.
Wenn wir in die Geschichte der klassischen Polarexpeditionen schauen, stoßen wir immer wieder auf diese ausgesetzten Orte. Nach Nansens großer Eisfahrt mit der FRAM brachte Kapitän Otto Sverdrup sein Schiff, das als verschollen galt, 1896 unverhofft wieder heim. Er landete mitten in der Nacht im Hafen von Skjervøy und ging direkt zur dortigen Telegrafenstation, um seine glückliche Heimkehr zu melden.
»Ich versuchte die Leute lebendig zu machen, indem ich mit geballten Fäusten erst an die eine, dann an die andere Tür donnerte«, schreibt Otto Sverdrup.
Und der Telegrafenmeister notierte später:
»Es waren keine freundschaftlichen Gefühle und Absichten, mit denen ich nachts um halb drei aufstand, um nachzusehen, welche Canaille es war, die so lebhaft an meine Haustür trommelte!«
Fridtjof Nansen hatte die FRAM ja schon im März 1895 verlassen, er wollte zusammen mit Hjalmar Johansen den Nordpol erreichen. Im August 1896 tauchten die beiden »Vermißten« völlig überraschend in Vardø auf. Darüber berichtet Nansen:
»Von unserem räubermäßigen Aussehen war noch so viel übriggeblieben, daß uns in Vardø niemand erkannte. Die Menschen schauten uns kaum an, und das einzige Wesen, das den zurückkehrenden Wanderern einige Aufmerksamkeit schenkte, war eine kluge Kuh, die mitten in einer engen Straße stehenblieb und uns erstaunt anstarrte, als wir an ihr vorbeiliefen. Diese Kuh hatte so angenehm Sommerliches an sich, daß ich versucht war, sie zu umarmen und zu streicheln. Jetzt war ich wirklich wieder zu Hause.«
Zwischen Skjervøy und Vardø haben wir Mehamn besucht, und da gibt es die unscheinbare Landmarke Kinnarodden mit dem gleichnamigen 237 m hohen Felsen. Das ist der wahre nördlichste Punkt auf dem europäischen Festland (das Nordkap liegt ja auf einer Insel, Magerøy). Diese nördliche Landmarke auf 71°08'01" trennt den arktischen Ozean im Westen von der Barents-See im Osten.

Dieser Metallglobus markiert das Nordkap auf 71°10'21" nördlicher Breite.

Folgende Doppelseite:

Skjervøy ist ein großartiger Naturhafen und liegt in einem windgeschützten Kessel zwischen hohen Bergen. Die Einfahrt in diesen Hafen ist besonders im Winter immer ein Erlebnis. Wir kommen aus der Dunkelheit und fahren plötzlich hart nach Steuerbord - hinein in den strahlenden Lichterkranz dieses schönen Ortes.

Die 1728 erbaute Holzkirche von Skjervøy, nur 100 Schritte vom Hurtigruten Kai entfernt, gilt als älteste Holzkirche im Nord-Halogåland und ist ein richtiges kulturelles Kleinod. Leider ist diese Kirche meistens geschlossen (aus Personal- und Geldnot), deshalb zeige ich hier die wunderschöne Altartafel im Barockstil.
Im oberen Textfeld steht geschrieben:
»Ich bin die Auferstehung, und ich bin das Leben. Wer an mich glaubt, der wird leben, selbst wenn er stirbt. Und wer lebt und an mich glaubt, wird niemals sterben.«
Das untere Textfeld war ursprünglich bemalt. Die Malerei wurde später entfernt und durch den folgenden Text ersetzt:
»Zur Ehre Gottes und zur Ausschmückung der Kirche hat der ehrliche und weise Mann Christen Michelsen dieses Bild im Jahre 1664 gestiftet.«
Das Bild befand sich schon in der kleinen Vorgängerkirche, die bereits im Jahr 1500 in Skjervøy gebaut wurde.

Folgende Doppelseite:

Mehamn ist auch so ein Ort, der aufgrund sehr kurzer Liegezeit nur vom Hurtigruten Kai aus gesehen wird. Dieses Bild entstand von einem Punkt direkt neben dem Anleger und zeigt die lange Lichterkette mit der beleuchteten Kirche der 1.500-Seelen-Gemeinde »am Ende der Welt«. Gegenüber der Stadt, auf dem Foto nicht sichtbar, befindet sich ein moderner Flugplatz. Mehamn ist für uns der erste Ort an der Küste der Barents-See.

Berlevåg in der Polarnacht (6. Januar). Dieser Fischerhafen lag früher sehr ausgesetzt und konnte bei Wellengang nur schwer oder gar nicht angelaufen werden. Seit 1975 ist er aber durch schwere Betonpolder so geschützt, daß die Hurtigruten Schiffe jetzt fast immer anlegen können.

Kirkenes – der Umkehrpunkt

Kirkenes ist mit 6000 Einwohnern eine kleine, übersichtliche Stadt mit einer sehr wechselvollen Geschichte, nur wenige Kilometer von der russischen Grenze entfernt. Anfang des 20. Jahrhunderts war Kirkenes noch ein unscheinbares Fischerdorf mit nur 1000 Bewohnern, aber 1906 kam es hier zu einem richtigen Erzrausch. 10 km südlich von Kirkenes wurde Eisenerz im Tagebau gewonnen und dann per Bahn in die jetzt boomende Stadt gebracht, jährlich bis zu drei Millionen Tonnen. Deutschland war ein wichtiger Abnehmer. Aber in den letzten Jahren des vergangenen Jahrhunderts wurde der Abbau zu teuer, 1996 folgte die Schließung der Gruben. Da war auch der kalte Krieg vorbei, und die russische Grenze öffnete sich, heute passieren mehr als 100.000 Personen jährlich diese Grenze in beiden Richtungen. In Kirkenes sieht der Besucher in unseren Tagen ganz unterschiedliche Gesichter und Hautfarben. Das liegt an Norwegens Asylpolitik; Menschen aus Rußland arbeiten da zusammen mit Kollegen von den Philippinen oder aus Schwarzafrika, im Servicebereich ebenso wie bei Schiffsreparaturen oder in der Kleinindustrie. Menschen aus über 40 Ländern sind in Kirkenes registriert. Der Hafen liegt sehr geschützt im Inneren des Bøkfjorden, der zwar vom Golfstrom noch tangiert, aber nicht mehr voll erreicht wird. So kann es im Hafen immer wieder zur Eisbildung kommen, und in besonders harten Wintern müssen sogar Eisbrecher für die Freihaltung einer Fahrrinne eingesetzt werden.

Die Hurtigruten Schiffe erreichen Kirkenes am siebten Reisetag, kehren hier um und fahren auf gleicher Route zurück nach Bergen. Hier enden nicht nur die Hurtigruten, sondern auch die von Oslo kommende E6. In Kirkenes kann der Hurtigruten Passagier während des knapp dreistündigen Aufenthaltes Touren mit dem Schneemobil buchen oder auch spannende Kunst erleben. Im Saviomuseum sind Werke des bekannten samischen Malers John Savio zu sehen, und das norwegisch-russische Kunstzentrum zeigt in einer Galerie norwegische und russische Werke als interessantes Kontrastprogramm. Im Fischereihafen der ehemaligen Grubenstadt sieht man viele roststarrende russische Trawler, in den Straßen und Hotels die russischen Frauen der Seeleute in ihren Pelzen beim Shopping im Westen. Geschäfte und besonders die neuen Supermärkte preisen ihre Waren in lateinischer und kyrillischer Schrift an. So ist Kirkenes eine Stadt zwischen zwei Welten geworden, eine interessante Stadt, die im Winter total im Schnee versinkt.

Im Winter scheint in Norwegen nicht nur die Sonne, wie es die vorhergehenden Bilder überwiegend zeigen. Hier treibt wütender Sturm die kalten Wellen des Eismeeres an die Uferfelsen bei Kirkenes und läßt dabei solche »Gemälde« entstehen.

Kirkenes Mitte März. 6000 Bewohner kämpfen gegen die Schneemassen. Der Schulweg wird zur Plage, Schneepflüge sind pausenlos im Einsatz – und ebenso die Menschen.

Folgende Doppelseite:

So liegt Kirkenes in der Polarnacht unter uns, wenn wir bis zur Bergstien aufsteigen, nur 15 Gehminuten von der Innenstadt entfernt.

Seite 96/97:

Das Hurtigruten Schiff MS Polarlys hat seinen Umkehrpunkt an der russischen Grenze erreicht. Dieses Bild entstand am 21. März - da beginnt bekanntlich der Frühling.

KIMEK

scene 2

POLA
VARANGERVEKTEREN
OSLO

POLARLYS

Silvesterreise zum Nordkap

»Begrüßen Sie das neue Jahr am nördlichsten Punkt Europas!« steht verlockend schön gestaltet auf der Frontseite eines Hurtigruten Prospektes – und dabei geht es um eine ganz besondere Seereise, deren Programm von den normalen Rundfahrten Bergen–Kirkenes–Bergen abweicht.
Wir fliegen nach Trondheim und besteigen dort in einem geheimnisvollen Dämmerlicht zwischen Tag und Nacht das mit strahlenden Lichterketten geschmückte neueste und eines der drei größten Hurtigruten Schiffe MS MIDNATSOL. Schon in der ersten Nacht überqueren wir den Polarkreis und erreichen am dritten Tag früh morgens Tromsø. Ein unbeschreiblich schönes Lichtermeer vor der tiefverschneiten Bergkulisse empfängt uns, und am Abend erleben wir in der Eismeerkathedrale ein festliches Konzert. Einen Tag später scheren wir dann von den Hurtigruten aus und besuchen Alta, fahren dort mit dem Motor- oder Hundeschlitten durch die weiten, dunklen Wälder der Finnmark, hören aus berufenem Munde der Samen vieles über Geschichte, Kultur und Gegenwart dieses Volkes, das in alter Tradition von der Rentierhaltung lebt, und fiebern dem Höhepunkt der Reise entgegen: dem Besuch des Nordkaps zum Jahreswechsel. Und der wird noch viel schöner als in dem erwähnten Prospekt angekündigt; das große Brillantfeuerwerk um Mitternacht findet vor einem hell leuchtenden Polarlicht statt. Perfekter kann eine Regie nicht sein.
Am 31. Dezember 2005 trafen sich in Honningsvåg gleich zwei Hurtigruten Schiffe zu dieser ungewöhnlichen Silvesterparty. MS MIDNATSOL und MS FINNMARKEN lagen gemeinsam am Kai. Dieses zweite Schiff bot ihren Gästen ein anderes Programm an: Die Passagiere flogen nach Tromsø und fuhren von dort über Hammerfest direkt nach Honningsvåg, wo sich beide Schiffe trafen und alle Passagiere gemeinsam zum Nordkap fuhren. Die MS FINNMARKEN-Gäste erlebten ihr klassisches Kammerkonzert in der Eismeerkathedrale von Tromsø dann auf dem Rückweg der Kurzreise, die nur fünf Tage dauerte. Wir auf MS MIDNATSOL waren dagegen sieben Tage unterwegs. Solche Sonderreisen mit den Hurtigruten Schiffen werden von Jahr zu Jahr mit leichten Programmunterschieden – und Verbesserungen – durchgeführt und haben doch eines immer gemeinsam; sie bringen uns in die absolute norwegische Polarnacht und am Silvesterabend zu einem ganz besonders ausgesetzten Punkt Europas.
Ein weiterer unausgesprochener Höhepunkt dieser Sonderreisen ist immer die Wahl der Schiffe; sie werden auf den jüngsten und größten Schiffen der Flotte durchgeführt, und die stehen mit ihrer Größe, dem Komfort und dem Schiffsambiente für einen modernen Weg in das neue Jahrtausend.
Die Polarnacht läßt sich aber auch im Liniendienst der Hurtigruten erleben, zum Beispiel auf der Weihnachtsreise, also der letzten im alten Jahr, oder zum Jahresbeginn auf der ersten Rundfahrt. Auch das sind Reisen für fortgeschrittene Hurtigruten Liebhaber, die besonders eindrucksvoll den Zauber der Polarnacht vor Augen führen.

Renate Weyer blickt in die untergehende Sonne, zum letzten Mal auf dieser Reise. In der Nacht werden wir den Polarkreis überfahren, und dann wird es keinen Sonnenaufgang mehr geben. Wir fahren in die Polarnacht hinein.

Tromsø in der Polarnacht. Gegen Mittag wird es bei klarem Himmel hell genug, um draußen eine Zeitung zu lesen. Ist der Himmel aber wolkenverhangen, so wie hier am Horizont, dann bleibt es auch über Mittag dunkel.

Das zur Zeit neueste und modernste Hurtigruten Schiff MS Finnmarken liegt am 31. Dezember in Honningsvåg. Die Sonne bleibt unter dem Horizont, signalisiert aber ihr Vorhandensein und sorgt so für eine besonders eindrucksvolle Neujahrskulisse.

MS Finnmarken (r.) und MS Midnatsol (l.) während der Silvester-Sonderreise zum Nordkap in der durchaus nicht pechschwarzen Polarnacht in Honningsvåg.

2005
FINNMARKEN

Die Panoramalounge auf MS Midnatsol mit dem romantischen »Sternenhimmel« wird am Abend zum beliebten Treffpunkt vieler Gäste. Im Hintergrund leuchtet das nächtliche Lichtermeer von Tromsø mit der Eismeerkathedrale.

Der Whirlpool auf dem Sonnendeck unter einem unglaublich schönen Polarhimmel. Was für ein Gefühl, bei so einer Stimmung am nördlichen Ende Europas in das warme Wasser zu steigen.

Seite 108:

Jahreswechsel am Nordkap. Der Himmel brennt grün und gelb, die Silvesterraketen werden vom Sturm nach Osten getrieben. Dieses Polarlicht haben wir am 31. Dezember 2005 um Mitternacht zusammen mit dem Feuerwerk am Nordkap erlebt und fotografiert.

Seite 109:

Die Polarnacht in Kirkenes. Gegen Mittag entsteht auch hier kaltes, blaues Licht für etwa zwei Stunden.

SAILOR
JUL

Husflid as
SØR
Sørnes
Elektro as
NARVESEN
ONLY
Luggen as

Alta im Winter

Alta, Hauptstadt der Region Finnmark und wichtiger Verkehrsknotenpunkt in Nordnorwegen (hier stößt die Reichsstraße 93 auf die E6, sie verbindet Norwegen mit Finnland und Schweden), wird von den Hurtigruten Schiffen auf der normalen Rundfahrt nicht angelaufen. Die Silvester-Sonderreise macht da eine Ausnahme. Ein ganzer Tag wird für Alta eingeplant. In Alta befinden sich die schönsten prähistorischen Felsbilder Norwegens. Im Winter kann man sie leider nicht besuchen, weil sie, meist auf flache Steine gemalt und graviert, unter einer dicken Schneedecke verborgen liegen. Aber die Stadt, mitten in endlos weiten Wäldern gelegen, hat sich in den vergangenen Jahren zu einem interessanten Wintersportzentrum entwickelt und außerdem zu einem Treffpunkt vieler Samen, die hier gerne ihre Kultur vorstellen.

Samen bilden eine eigenständige Volksgruppe und leben in Nordeuropa über sehr große Gebiete verstreut, die sich von der russischen Kola-Halbinsel über das finnische und schwedische Lappland und Nordnorwegen erstrecken.

Als Norweger, Schweden, Finnen und Russen klare Grenzen zwischen ihren Reichen zogen, waren die Samen schon lange da. Ihre Herkunft und die genaue ethnische Zugehörigkeit liegt bis heute im Dunkeln der Geschichte. Einige Wissenschaftler glauben, daß die Samen ihren Ursprung an der Wolga haben.

Die Rentierzüchter unter den Samen leben noch ein wenig in ihrer alten Tradition zusammen mit den Tieren, die im Sommer an den Küsten und vor allem auf den Inseln weiden und sich im Winter ihr Futter oben auf den Hochebenen unter dem Schnee suchen. Aber natürlich wohnen diese Menschen nicht mehr in Zelten – wie in der Vergangenheit – und schlagen auch nicht mehr Schamanentrommeln wie ihre Vorfahren. Sie sprechen ihre eigene Sprache, die der norwegischen gleichgestellt ist, und wählen heute sogar ihr eigenes Parlament. Rundfunk- und Fernsehsendungen werden heute regelmäßig in samischer Sprache gesendet, und in Kautokeino gibt es inzwischen eine samische Hochschule sowie andere Bildungseinrichtungen, die eigenständige Traditionen der Samen bewahren und doch für eine gute Integration in die moderne norwegische Gesellschaft sorgen.

Zelte und Schamanentrommeln existieren nur noch für Touristenkameras, große Rentierherden werden heute vom Motorschlitten oder Hubschrauber aus beaufsichtigt, und die Buchhaltung dafür wird am Laptop erledigt.

In Norwegen leben etwa 30.000 Samen. Nur 10% von ihnen sind ihrer Tradition treu geblieben und züchten Rentiere. 3.000 samische Nomaden besitzen etwa 200.000 Rentiere - vorwiegend in der Finnmark. Samen tragen eine besonders bunte Tracht, in ihr spiegeln sich die Farben des Himmels, des Schnees und des Feuers wider. Das Foto entstand in Alta.

Das ist der Freiluftpark Alta, etwa 20 km außerhalb der Stadt, mitten im Kiefernwald gelegen. Hier verbringen die Gäste der Silvestersonderreise einen interessanten Tag mit ganz unterschiedlichen Aktivitäten. Auch dieses Bild zeigt den typischen Blauschimmer gegen Mittag in der Polarnacht.

Wir besuchen Samenzelte, fahren mit Rentierschlitten und hören von Anton Dal (r.) und seiner Tochter Birgit viel Wissenswertes über die Kultur und den Alltag der Samen, die als Minderheit im Grenzgebiet Rußland, Norwegen, Finnland und Schweden zu Hause sind.

Motorschlitten warten auf die Hurtigruten Gäste. Hier sind es Margarethe und Katharina aus Bayern, die sich mit einem Führer des Freiluftparks startklar machen und sich auf das kalte Abenteuer richtig freuen. Die zünftige und richtig erfrischende Fahrt durch den tiefverschneiten und inzwischen stockdunklen Winterwald wird zu einem unvergeßlichen Hurtigruten Erlebnis - bei minus 18°C!

Im Spätwinter (Ende Januar bis Anfang April) wartet der Freiluftpark Alta mit einer weiteren Winterattraktion auf, mit dem Igloo Hotel, dem nördlichsten Eishotel der Welt. Norwegische Künstler haben hier eine Wunderwelt aus Eis und Licht geschaffen; ein Hotel mit Zimmern und Suiten aus Eis, mit Bar und Hochzeitskapelle. Im Hotel herrschen konstante minus 5 °C, und alles funkelt, strahlt; selbst die eisigen Trinkbecher und die norwegische Tierwelt. In der Eislobby stehen wir vor Elchen, Rentieren, Füchsen und mächtigen Greifvögeln aus Eis. Wem der norwegische Winter tagsüber noch nicht reicht, der findet hier die ideale nächtliche Fortsetzung.

Licht in der Polarnacht

Polarlichter – auch Nord- bzw. Südlichter genannt – gehören zu den eindrucksvollsten Naturschauspielen der hohen Breitengrade.
Sie entstehen um den Südpol und um den Nordpol herum und sind in manchen Jahren sogar in unseren deutschen Breiten zu sehen. Von der Sonne werden permanent elektrisch geladene Teilchen als sogenannte Sonnenwinde explosionsartig in das Weltall geschleudert. Mit hoher Geschwindigkeit – zwischen 600 und 1.000 Kilometer pro Sekunde – stößt dieser »Feinstaub« auf die Magnetfelder der beiden Pole, die den Sonnenstaub anziehen. Bei dem Aufprall entsteht Energie, die von Sauerstoffatomen und Stickstoffmolekülen in Form von Licht abgestrahlt wird. Sauerstoff leuchtet in unterschiedlichen Höhen grün, gelb oder rot. Stickstoff dagegen blau und violett.
Polarlichter sind ständig in Bewegung, jagen als Faltenvorhänge, Spiralen und Wolken über den Himmel, verändern ständig Farben und Formen, Richtung und Intensität. Besonders gute Beobachtungsmöglichkeiten bieten oft die beiden Stunden vor Mitternacht und dann die beiden Stunden vor dem Morgengrauen.
Der wissenschaftliche Name für Polarlichter ist Aurora borealis, wurde dem Griechischen entnommen und heißt übersetzt »die Morgendämmerung des Nordens«. Der Gegenpart für den Süden ist dann die Aurora australis.
Zu den ersten Autoren, von denen schriftliche Aufzeichnungen über das Polarlicht existieren, gehört Fridtjof Nansen. Bei ihm lesen wir:
»Es war nicht die hellste Stimmung, mit der ich heute Abend auf das Deck (der FRAM) kam; doch wie festgenagelt wurde ich im selben Augenblick, als ich ins Freie trat. Dort ist das Übernatürliche für dich! Das Nordlicht in einzigartiger Kraft und Schönheit, über den Himmel funkelnd in allen Farben. Selten oder niemals habe ich stärkere Farben darin gesehen. Zuerst war Gelb vorherrschend; doch dann spielte es über ins Grün, und gegen Ende begann ein glänzendes Rubinrot an den Strahlenenden auf der Unterseite der Bögen durchzudringen.
... Obwohl ich nur wenig bekleidet war, konnte ich mich unmöglich losreißen, bevor das Ganze vorüber war.«
Zehn Jahre nach dieser Niederschrift beobachtete Robert F. Scott die Aurora australis und notierte in sein Tagebuch:
»Es ist nicht möglich, Zeuge einer solchen Schönheitserscheinung zu sein ohne Sinn für heilige Ehrfurcht; und doch ist diese Empfindung nicht inspiriert durch den Glanz der Erscheinung, sondern eher durch ihre Zartheit in Licht und Farbe, ihre Transparenz und vor allem durch ihr lebendiges Dahinschwinden der Form.«

Das Polarlicht gehört zu den schönsten und gewaltigsten Naturphänomenen im Norden und so auch auf der Hurtigrute. Hier glüht der Himmel im gesamten Spektrum des Regenbogens.
Olav Grinde nennt das Nordlicht »die Poesie des Himmels« und einen »magischen Flammentanz im Dunkeln der Nacht«.

Dieses Polarlicht leuchtete am 31. Dezember über Honningsvåg und »weht« weit nach Nordwest. Plötzlich richtet sich das Nordlicht auf, steht jetzt fast senkrecht über dem Funkturm. Es könnte sich um einen Vulkanausbruch handeln, denn das Licht scheint direkt aus dem Berg herauszuschießen - oder haben außerirdische Mächte ihre Laser eingeschaltet?

Seite 122 und 123:

Polarlichter an den Hurtigruten im März. Bei klarem Wetter kann man im Winter fast sicher sein, daß Polarlichter sichtbar werden. Wissenschaftler haben besonders starke Sonnenaktivitäten in einem Zyklus von elf Jahren beobachtet. Das Jahr 2000 war ein Maximumjahr für Sonnenflecken und Polarlichter, deshalb wird das nächste Maximum für den Winter 2010/2011 erwartet.

»Etwas Schöneres als die Polarnacht gibt es nicht, ein Traumbild, gemalt in den feinsten Tönen, ohne Formen; alles ist dämmernde, träumende Farbenmusik, eine ferne, unendliche Melodie in gedämpftem Saitenspiel – wie eine unendliche Kugel wölbt sich der Himmel über dir, oben blau, näher am Horizont grün und ganz unten am Himmelsrand lila, violett.«

Fridtjof Nansen,
norwegischer Polarforscher

»Festlich strahlt das Nordlicht, es durchkreuzt die Bahnen der Sterne, es wächst, es schwindet, bald flammt es als grüner Strahl im Zenit auf, bald funkelt es in leuchtenden Fäden, bald wogt es in strahlenden Falten von Horizont zu Horizont.
... und es ist nutzloses Mühen, diese märchenhafte ständig wechselnde Welt mit den gewöhnlichen Farben festhalten zu wollen, mit denen ein Künstler seine Bilder malt.«

Nikolai W. Pinegin,
russischer Maler und Polarforscher

Epilog – wie dieses Buch entstanden ist

Seit vielen Jahren sind wir vom Bazillus der Hurtigruten befallen. Landauf und landab haben wir unsere Diavorträge gezeigt und von den stolzen Schiffen ebenso geschwärmt wie von der nicht untergehenden Mitternachtssonne. Nach solchen Vorträgen kamen immer wieder Fragen nach dem Winter, nach der Polarnacht auf den Hurtigruten. Also reisten wir im Winter, im Februar, von Bergen bis nach Kirkenes und unterbrachen die Fahrt auf den Lofoten. Unsere Begeisterung für den Winter wurde so groß, daß wir diese ungewöhnliche Tour – mit einer Woche Unterbrechung auf den Lofoten – schon ein Jahr später wiederholten, als Reiseleiter und Themenlektor für NSA. Aber das war noch nicht die richtige Polarnacht, also stiegen wir erneut ein, am 1. Januar in Bergen, als einzige Rundreisepassagiere auf dem besonders schönen Schiff MS KONG HARALD. Auf dieser Reise lernten wir, daß die Polarnacht gar nicht so stockdunkel ist wie oft angenommen wird. Die Sonne meldet sich mittags – versteckt unter dem Horizont (siehe Titelbild) –, und nachts flammt das Polarlicht am Himmel. Zum Jahreswechsel 2005/2006 reisten wir dann mit MS MIDNATSOL zur Silvesterfeier an das Nordkap. Auf all diesen Reisen haben wir erfahren, daß man Polarlichter an Bord sehr schön sehen und beobachten kann, nur mit dem Fotografieren wird es etwas problematisch. Da ich solche Bilder einige Sekunden lang belichten muß, erscheinen die Schiffsbewegungen als feine Sternenlinien auf den Bildern. Mein Stativ steht nur ruhig, solange das Schiff in einem Hafen liegt, aber da stören oft zu viele Fremdlichter.

Besser ist ein fester Standpunkt für das Stativ an Land, weit weg von den Lichtern der Stadt. Deshalb wollten wir noch einmal von Bergen nach Kirkenes fahren, aber mit dem Auto, parallel zu den Hurtigruten. Nur so konnten wir auch die Schiffe vom Ufer aus fotografieren, besonders von den vielen norwegischen Brücken, die über den Hurtigruten gespannt sind.

Ideal erschien uns für dieses Vorhaben ein kleines, wendiges und vor allem wintertaugliches Wohnmobil, das mieteten wir bei der Firma Hymer. Die Planung war nicht ganz einfach; wir mußten mit sehr niedrigen Temperaturen und mit spiegelglatten Straßen rechnen, denn in Norwegen wird kein Salz gestreut, sondern der Schnee einfach glatt gefahren.

Die komfortable Fjordline-Fähre brachte uns mitsamt Wohnmobil von Hanstholm nach Bergen. Dort tauschten wir unsere deutschen Winterreifen gegen norwegische Spikereifen (der ADAC vermittelt entsprechende Adressen in verschiedenen norwegischen Städten) und stellten schon in den ersten Tagen fest, daß Dieseltanken im Winter in Norwegen leichter ist als Wassertanken. Alle Tankstellen haben ihre Außenwasserversorgung im Winter abgestellt. Ein weiteres schwer lösbares Problem wurde die Gasversorgung für Küche und Heizung. Norwegische Gasflaschen lassen sich nicht gegen deutsche tauschen, da die Anschlüsse unterschiedlich sind. Das Auffüllen leerer Flaschen ist nur an wenigen Plätzen möglich, nördlich von Tromsø gar nicht mehr.

Im nördlichen Norwegen führen nur noch schmale Straßen von der E6 an die Küste zu den Hurtigruten. Oft sind sie wegen zu hohem Schnee gesperrt, und man muß warten, bis ein Konvoi mit vorfahrendem Schneepflug zusammengestellt wird. Durch zuviel Schnee auf den Straßen mußten wir oft große Umwege in Kauf nehmen. Von

Mehamn nach Båtsfjord sind es auf dem kürzesten Weg 298 km. Aber zwischen Ifjord und Tana blieben wir im Schnee einfach stecken, konnten nur mit Schwierigkeiten wenden, zurückfahren und auf die E6 ausweichen. Unmittelbar nach unserem Manöver wurde die Straße ganz gesperrt. Wir wurden so gezwungen, über Lakselv und Tana bru nach Båtsfjord zu fahren. Das sind aber 618 km. Wir waren zwei volle Tage unterwegs, Hurtigruten Schiffe fahren dagegen von Mehamn über Berlevåg nach Båtsfjord nur fünf Stunden. Dieses Rechenbeispiel hat uns die Vorteile der Hurtigruten überdeutlich vor Augen geführt – und das gilt ganz besonders für den Winter. Ganz wichtig für unsere Wohnmobilreise war der Routenplan, aus dem man genau ersehen kann, wann welches Hurtigruten Schiff wo anlegt und abfährt. Wir kamen nach drei Wochen abenteuerlicher Winterfahrt endlich in Kirkenes an und hatten alle gewünschten Bilder gemacht. Jetzt wollten wir mit Hurtigruten gemütlich und komfortabel nach Bergen zurückreisen. Unser Schiff MS POLARLYS kam pünktlich, und Renate ging zur Rezeption. Wir bekamen die Kabine 505 zugeteilt, Renate trug Sachen hinein und begann mit dem Einräumen. Ich blieb noch draußen und fotografierte (siehe Seite 96/97). Das Wohnmobil wollte man erst kurz vor dem Auslaufen an Bord haben. Aber daraus wurde nichts. Renates Kabinentelefon klingelte, und die freundliche Dame von der Rezeption fragte, ob das da draußen unser Fahrzeug sei.
»Wie hoch ist es?«
»3,05 m!«
»Für die Hurtigruten Schiffe ist das zu hoch, 2,40 m sind das Maximum.«
»Schade, da muß ein Fehler in der Datenübermittlung passiert sein, aber dürfen wir wenigstens noch duschen?«
Wir durften, verabschiedeten uns und fuhren 2.700 km über eisglatte Straßen zurück nach Bergen, über die E6. Die Stadt erreichten wir zwei Tage vor »unserem« Schiff.
Und noch eine Bemerkung zum Polarlicht. Auf den Hurtigruten Schiffen kann man sich ruhig in die »Koje« legen und einschlafen. Bei Nordlicht wecken der wachhabende Offizier oder der Reiseleiter alle interessierten Passagiere. In unserem Wohnmobil sah das ganz anders aus. Wir waren oft todmüde von den endlos langen Schneestrecken, draußen herrschten minus 20°C, und wir konnten nur periodisch heizen, da wir mit unserem Gas äußerst sparsam umgehen mußten (siehe oben). Nordlicht entsteht, bleibt 10 oder gar 15 Minuten lang am Himmel und zerfällt dann wieder. Wir mußten also zumindest bis Mitternacht ständig Wache halten und alle paar Minuten hinausschauen. Ein Fenster ist da wenig hilfreich, denn Polarlicht kann in ganz unterschiedlichen Richtungen entstehen und auch direkt im Zenit. Kam dann das erwartete Polarlicht, hieß es rein in die warme Kleidung und raus aus dem Wohnmobil. Dabei gehörte eine Stirnlampe genauso zur Ausrüstung wie dünne Seidenhandschuhe, mit denen man auch bei extremer Kälte eine Kamera sicher bedienen kann. Dieses Buch ist also auf vielen ganz unterschiedlichen Reisen entstanden, und eine war schöner als die andere.

Mit dem Wohnmobil fahren wir im Winter parallel zu den Hurtigruten. Mit dem HYMER EXSIS haben wir ganz bewußt ein sehr kompaktes Modell gewählt, das besonders gut isoliert ist, sich entsprechend leicht heizen läßt und auch auf glattesten Straßen optimale Sicherheit bietet.

HYMER

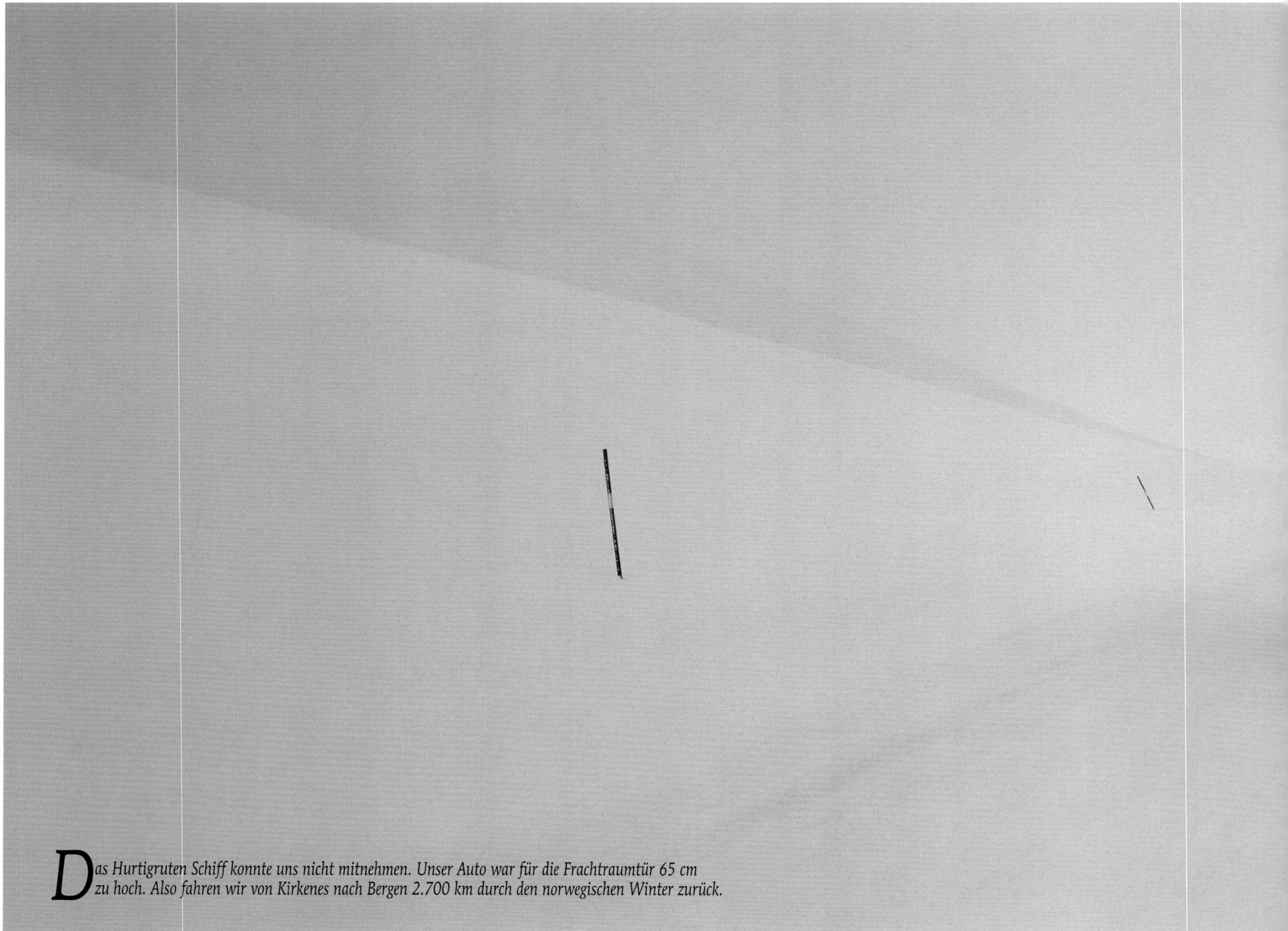

Das Hurtigruten Schiff konnte uns nicht mitnehmen. Unser Auto war für die Frachtraumtür 65 cm zu hoch. Also fahren wir von Kirkenes nach Bergen 2.700 km durch den norwegischen Winter zurück.

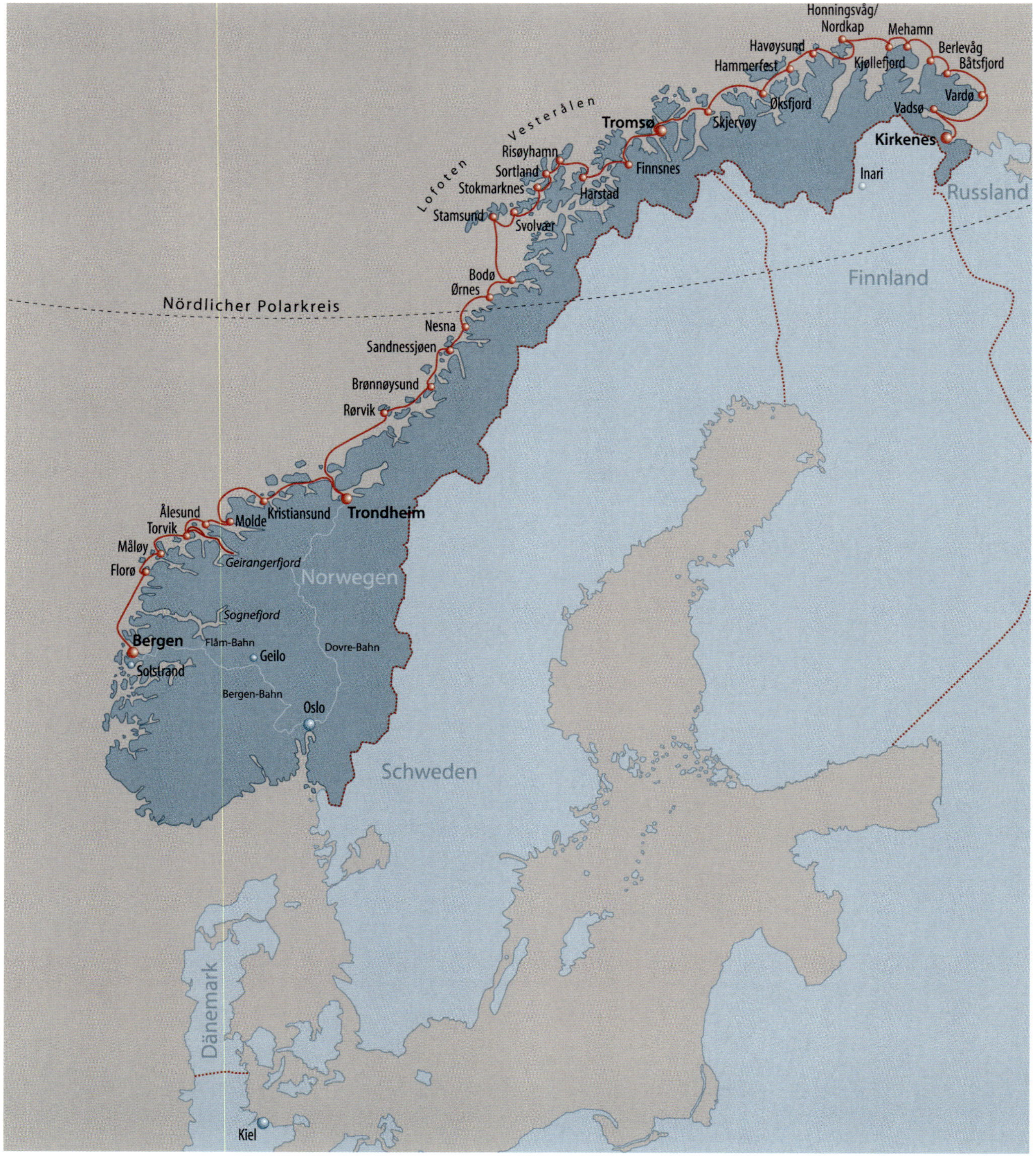

»Seit 1893, als Kapitän Richard With zum ersten Mal in See stach, hat sich vieles verändert. Die Hurtigruten entwickelten sich mehr und mehr von der reinen Versorgungslinie zu einer der stärksten touristischen Attraktionen Skandinaviens. Entscheidend für ihren Erfolg ist die Authentizität. Anders als die meisten Angebote auf dem internationalen Seereisemarkt, stellen die Schiffe der Hurtigruten keine von Marketing-Strategen künstlich geschaffene Erlebniswelten dar, sondern bilden bis heute einen wichtigen Teil des norwegischen Küstenalltags. Und das betrifft in ganz besonderem Maß den Winter.«

Bernd Stolzenberg

Literatur zu Hurtigruten – und weiter nach Norden:

Weyer, Helfried; **Hurtigruten** – mit dem Postschiff durch Norwegen, Tecklenborg Verlag, Steinfurt, 5. überarbeitete Auflage 2003

Weyer, Helfried; **Mit dem Postschiff in die Antarktis**; Koehlers Verlagsgesellschaft mbH, Hamburg, 2. Auflage 2005

Weyer, Helfried; **Grönland** – Arktische Träume; Koehlers Verlagsgesellschaft mbH, Hamburg 2005

Weyer, Helfried; **Nordwest-Nordost-Passage** – Die Suche nach dem nördlichen Seeweg, Koehlers Verlagsgesellschaft mbH, Hamburg 2006
Das ist die Fortsetzung der Hurtigruten in die nördlichen Polarmeere. Ein großartiger Bildband und ein eiskaltes Lesevergnügen, das unser Blut in den Adern erstarren läßt.

Weyer, Helfried; von Sassen, Peter; **Vergessene Inseln im Eis** – Eine Expedition ins Kaiser-Franz-Joseph-Land, Nicolai Verlag, Berlin 2006
Atemberaubende Panoramabilder aus dem ewigen Eis.

Alle Bücher sind erhältlich
- im Buchhandel
- direkt vom Autor, handsigniert, bei Geobuchversand Weyer-Lanwer, Eckdahl 38, 21614 Buxtehude email: weyer@helfried-weyer.de
- Hurtigruten Online-Shop www.hurtigruten.de

Wichtige Adressen
für Auskünfte über Polarreisen und Buchungen:

Hurtigruten GmbH
Kleine Johannisstraße 10
20457 Hamburg
Tel.: 040 37 69 30
Fax: 040 36 41 77
Email: info@hurtigruten.de
www.hurtigruten.de

Weyer Foto Flug
Eckdahl 38
21614 Buxtehude
Tel.: 04161 71 30 25
Fax: 04161 71 30 26
Email: weyer@helfried-weyer.de
www.helfried-weyer.de

Ikarus Tours GmbH
Am Kaltenborn 49–51
61462 Königstein
Tel.: 06174 2 90 20
Fax: 06174 2 29 52
Email: central@ikarus.com
www.ikarus.com

Freiluftpark und Igloo Hotel Alta

Alta Friluftspark AS
Tel.: 78 43 33 78
Fax: 78 43 34 65
Email: safari@alta-friluftspark.no
www.alta-igloo-hotel.no

Bemerkungen zur Fotografie:
Alle Fotos dieses Buches wurden mit der ROLLEIFLEX 6008 im Mittelformat 6 x 6 sowie mit der LINHOF TECHNORAMA 6 x 17 fotografiert, analog. In beiden Fällen handelt es sich um mechanische, elektronische und optische Spitzentechnologie »Made in Germany«. Als Film habe ich ausschließlich Kodak Ektachrome EPR 64 und 100 VS benutzt, also Filme niedriger Empfindlichkeit – wegen der großen Farbtreue und der hohen Detailauflösung. Die Nordlicht-Bilder entstanden auf Ektachrome 400x Film. Belichtung etwa 30 sec bei Blende 2,8. Fast immer standen die Kameras auf einem festen Holzstativ von Berlebach, kein anderes eignet sich bei extremer Kälte so gut wie dieses Holzstativ.

Danksagung
Für Unterstützung und Beratung bei unseren vielen Reisen auf den Hurtigruten danken wir der Hurtigruten GmbH in Hamburg sowie der Hymer AG in Bad Waldsee. Last not least danken wir den Mitarbeitern des Koehler Verlages für die gute und so unkomplizierte Zusammenarbeit.

Besuchen Sie die Weyers im Internet unter www.helfried-weyer.de

»Wie schön ist es, auf dem weichen Schnee dahinzulaufen, ohne zu wissen wohin, immer weiter in das weiße Schweigen hinein. Du hältst an: kein Laut ringsum. Und plötzlich war mir, als hörte ich Schritte. Ganz deutlich schallte es durch die Stille: top, top, top – irgendwo von weither. Nein, nicht weit. Das ist ganz nah. Ja, das ist hier. Und plötzlich begreife ich: Ich höre, wie mein eigenes Herz schlägt. Und die Stille strömt dir in die Ohren, eine Stille, die sich mit nichts vergleichen läßt.«

Nicolai W. Pinegin